LETTRES

D'UN

LIBRE PENSEUR

A Mgr DUPANLOUP
ÉVÊQUE D'ORLÉANS

Au sujet de sa Lettre Pastorale sur les Malheurs et les Signes du temps

A M. LE BARON DE KETTELER
Évêque de Mayence

AU SUJET DE SA BROCHURE INTITULÉE : UN CATHOLIQUE PEUT-IL ÊTRE
FRANC-MAÇON

A M. L. VEUILLOT
SUR SON ILLUSION CLÉRICALE

A Mgr PLANTIER
Évêque de Nîmes

AU SUJET DE SA LETTRE PASTORALE INTITULÉE : PIE IX DÉFENSEUR ET
VENGEUR DE LA VRAIE CIVILISATION

PARIS	POITIERS
CHEZ TOUS LES LIBRAIRES	CHEZ GIRARDIN, LIBRAIRE

1866

LETTRE

A MGR DUPANLOUD

ÉVÊQUE D'ORLÉANS.

> Sed venit hora, et nunc est, quando veri
> adoratores adorabunt Patrem in spiritu et
> veritate. Nam et Pater tales quærit qui
> adorant eum. (V. 23, cap. IV, Ev. S. Jonn.)

Vous venez de publier, Monsieur, sur les *malheurs et les signes du temps*, une lettre dans laquelle votre imagination se plaît à nous montrer le présent et l'avenir si sombres, si menaçants, que nous sommes tentés de croire à une fin prochaine du monde, et que nous n'avons plus qu'à renouveler ce qui se fit en l'an 1000, donner tout ce que nous possédons au clergé pour racheter nos fautes, nous confesser, et attendre avec résignation, munis des saints sacrements de l'Église, ce passeport pour le ciel, que l'heure du sommeil éternel sonne pour le genre humain.....

Je ne sais, à l'aide de quel télescope, Monsieur, vous apercevez « *ce mystère d'iniquité qui se forme,* » suivi d'un horizon si gros d'orage ; mais j'ai beau regarder, moi aussi, dans mon humble lunette, je n'aperçois qu'un avenir resplendissant de lumière, dont les rayons célestes éclairent déjà de leur vive clarté *le mystère d'iniquité d'un passé* qui s'en va, lequel, hélas ! a trop duré !...

Le présent, je le vois plus glorieux qu'il ne fut jamais, et les annales de l'histoire ne nous ont point encore transmis des faits aussi remarquables que ceux qui se sont accomplis sous le règne de l'un des plus grands monarques qui aient illustré la France.

Jamais l'esprit, la science, les arts, l'industrie, n'avaient rayonné d'un aussi vif éclat qu'ils le font à cette heure que vous appelez celle *de l'iniquité*.

Non, jamais notre belle France, sous aucun règne, n'avait trôné avec autant de gloire, autant de puissance, au-dessus des États du monde, comme elle le fait au xixe siècle.

L'aigle impériale, Monsieur Dupanloup, plane dans l'espace, libre de toute entrave, ne redoutant que la foudre du ciel, et, en arbitre souverain, elle commande au monde entier au-dessus duquel elle tient le flambeau du progrès.

Est-ce à ces époques du moyen âge où la France était rongée par la famine et la peste, dévastée par des guerres intestines, martyrisée au nom de Dieu par la sainte inquisition, envahie par l'étranger qui nous imposait ses lois tyranniques ? Est-ce, dis-je, à ces époques d'ignorance, d'esclavage et de misère, Monsieur, que les nations de l'Europe choisissaient nos rois, impuissants à se garder eux-mêmes, comme arbitres souverains de leurs querelles, de leur destinée ?

Non, Monsieur, les malheurs qui nous ont attristé cette année et que nous déplorons tous aussi sincèrement que vous, ne sont pas nouveaux pour nous; ils nous ont accablé avec plus de force autrefois, à des époques cependant où *la foi était ardente*, où le clergé n'avait rien à envier, car le sceptre du monde était dans la main de ce roi à triple couronne, le souverain pontife !

Les signes du temps qui vous effraient, Messieurs les évêques, sont les précurseurs d'un avenir meilleur, les jalons de ce progrès qui doit, malgré vos vaines menaces, courber sous l'inflexible niveau de la justice les fronts les plus superbes, les plus altiers !

Trop de maux cruels ont pesé sur les faibles et les timides depuis Jésus-Christ, pour qu'enfin les plaintes de ces victimes ne soient pas montées jusqu'au ciel. Vous avez raison de dire que la « *justice* » *suit toujours d'un pas lent quelquefois, mais sûr,* » *l'injustice,* » et c'est souvent Dieu lui-même qui l'applique cette inexorable loi.

Ce n'est point la *guerre à Dieu et à l'Église* que l'on fait, Monsieur, c'est la guerre à la superstition, c'est la guerre à l'ignorance et à la domination. Oui ! guerre aux mensonges et respect à Dieu ! tel est le cri que pousse aujourd'hui toute âme qui aspire à la lumière.

Il faut donc, pour que vous disiez vrai, Monsieur, que vous vous exprimiez ainsi : « Mais ce qui trem-

» ble encore plus que le sol qui nous porte, c'est,
» Messieurs, *le clergé;* ce qui déborde et nous inonde
» d'une inondation plus menaçante que nos fleuves,
» ce sont les fléaux d'un autre ordre, *le progrès, la
» lumière, le bien dans l'ordre social!* »

Aussi vous écriez-vous avec indignation : « A ja-
» mais les coupables en porteront au front la marque
» indélébile. »

Il est de ces *marques*, Monsieur l'évêque d'Orléans, que l'on regretterait de ne pas voir *indélébiles*,
parce qu'on les porte avec orgueil et sans rougir! Il
est de ces *marques* qui honorent ceux qui ont eu le
courage et l'énergie de présenter leur front à ce
stygmate flétrissant de leurs ennemis!

Et, au lieu d'absorber vos instants en vaines la-
mentations, de vous écrier : « Nous sommes-là, les
» bras croisés et la bouche muette, n'osant plus
» même essayer les protestations de l'honneur! »
eh! Monsieur, que faites-vous dans vos séminaires
de toutes ces légions de jeunes hommes qui pas-
sent un temps précieux en prières inutiles? Au lieu
d'une croix ou d'un bréviaire, mettez-leur donc une
bayonnette à la main, et conduisez ces soldats près du
Saint-Père afin qu'eux aussi apprennent à présenter
leur front à ces *marques indélébiles* qu'y impriment
toujours le courage et l'honneur.

Oui, en effet, Messieurs les évêques, la presse
est audacieuse de faire tomber chaque jour un mor-
ceau du voile mensonger dont on couvrait la vérité.
La lumière se fait lentement peut-être, mais d'une

manière irrévocable, malgré vos dépits et vos colères, malgré les anathèmes que vous lancez en vain, véritables *fusées* qui éclatent en l'air sans autre effet que celui de faire rire le public.

Vous aurez beau dire que ce que nous appelons *le mal*, s'appelle *le bien*; que ce que vous appelez *le bien*, nous l'appelons *le mal*; que ce que nous appelons *le progrès*, n'est autre chose pour vous que la plus triste *décadence morale*; que nous appelons *lumière*, l'oubli de Dieu, de l'âme et de son immortelle destinée; que nous appelons *oubli*, l'altération à la foi et à la *probité antique*; que le mot de *religion*, borné à une *sentimentalité vague*, a été profané de mille manières; que celui *de sacerdoce*, a subi les mêmes outrages! vous pouvez dire bien d'autres choses encore plus ou moins erronées, plus ou moins vides de sens, crier même à l'impiété, à l'athéisme, qu'importe! Vous n'arrêterez pas ce progrès qui vous désespère, ce flot vengeur qui gronde et déborde de toute part, lancé par la main de Dieu, pour renverser ses détracteurs!

Oui, criez au scandale sur tous les points de l'univers! Tonnez, parce que le voile se déchire et laisse à nu des vérités trop longtemps cachées! Vos vaines clameurs n'empêcheront pas *ce progrès* d'être l'affranchissement de l'intelligence et de l'esprit; d'être, quoique vous disiez, le souffle de Dieu régénérant les peuples, les sortant des ténèbres pour les inonder de la lumière de la vérité! Et, malgré vous tous, entendez-vous bien, Messieurs les potentats du clergé, catholique, malgré vous tous, bons ou mauvais, forts ou faibles, unis ou divisés, quoique vous fassiez, quoique vous disiez, cette marche terrible du flot qui monte toujours s'accomplit fatalement pour vous d'heure en heure, et, obéissant à la volonté divine qui la pousse sans cesse, elle renverse déjà vos barrières humaines comme pour effacer de la terre les iniquités d'un passé barbare!...

Agréez, Monsieur, les salutations respectueuses d'un libre penseur.

PIERRE

LETTRE

A M. LE BARON DE KETTELER

Évêque de Mayence

> Et descendit pluvia, et venerunt flumina, et flaverunt venti, et irruerunt in domum illam, et cecidit; et fuit ruina illius magna.
> (V. 27, cap. VII, Ev. S. Math.)

Et d'abord, Monsieur le baron, permettez-moi cette question bien naturelle : De quel droit, s'il vous plaît, venez-vous mettre le nez dans nos affaires? Sachez bien ceci : de même que vous n'entendez pas que nous nous immiscions aux affaires du clergé (ainsi que l'a dit, avec courroux, l'un de vos fougueux collègues), de même, Monsieur, vous voudrez bien nous permettre de trouver vos prétentions fort indiscrètes.

Je sais bien qu'en vertu de ces trois mots : *Liberté*, *Autorité*, *Église* (1), qui constituent à vos yeux un clergé omnipotent, non pas tel qu'il est, Dieu merci, mais tel qu'il fut jadis, et tel que des prélats ambitieux le rêvent encore, vous vous croyez le droit de tout savoir, de tout faire et de tout dire.

Hélas! croyez-moi, Monseigneur, ne caressez pas de vaines chimères; le temps des illusions est passé, bien passé, et vous n'éprouveriez que d'amères déceptions. N'oubliez pas que des flots de sang ont vengé les jours lugubres et sombres des siècles barbares. Le règne de l'erreur est fini, Monseigneur, et c'est celui de la vérité qui a commencé. Il est temps que la nuit se dissipe aux rayons de la science et de la raison humaine.

La franc-maçonnerie, elle aussi, a sa religion qui dresse ses temples au christianisme, et qui surtout en pratique les maximes sans ostentation, sans rémunération, faisant le bien uniquement pour le bien. Ses prêtres et ses adeptes sont répandus dans le monde entier. La franc-maçonnerie n'aspire donc pas à l'universalité, car elle la possède. Nous connaissons le nombre des nôtres, et vous, vous l'ignorez. Occultes ou apparents, nous poursuivons sans relâche, avec un courage inébranlable, le but de notre mission, le triomphe de la vérité, la pratique de la charité et l'affranchissement de l'esprit. Dieu sem-

---

(1) Mgr de Ketteler a publié un ouvrage ayant pour titre : *Liberté, Autorité, Église*.

ble bénir nos efforts puisqu'il nous permet de vaincre nos ennemis.

La franc-maçonnerie, Monseigneur, n'a nul besoin de se justifier aux yeux de l'opinion publique dont elle se préoccupe peu, pas plus qu'elle ne le fait de celle du clergé ! Elle fonctionne avec force et persévérance, parce que, chez elle, il y a unité ; « *tous* » *ne forment qu'un cœur et qu'une âme ;* » parce que » *nous ne sommes qu'un seul pain et qu'un seul corps,* » *nous tous qui participons à un même pain.* »

Les Francs-Maçons travaillent donc, eux aussi, pour la gloire de Dieu, mais par des moyens qui leur sont propres et bien différents de ceux mis en pratique par certains religionnaires. Nous sommes les apôtres dévoués du bien, du beau et du vrai, et pas autre chose ; nous ne vendons rien et donnons tout au nom de l'Être éternel. Nous n'avons nul besoin, Monseigneur, que vous soyez ou non convaincu de la loyauté de nos actes, de la pureté de nos sentiments. Vos inquiétudes à leur égard sont puériles et nous préoccupent peu. Quant à nous, nous plaignons les erreurs, les méfaits de certains hommes égarés par la passion et l'ignorance ; nous rions de leurs colères, car les foudres qu'ils nous lancent sont impuissantes contre la cuirasse qui nous protége. Non, Monseigneur, non, on ne nous atteindra pas ; nous sommes *plus forts* que la *force brutale :* l'idée s'élève au-dessus de la matière et finit toujours par la vaincre : c'est nous qui les frapperons mortellement, vos *Scribes* et vos *Pharisiens,* si ce n'est déjà fait. Leurs anathèmes sont non-seulement dérisoires, mais encore ils sont maladroits, car ils ne servent qu'à hâter l'édification du temple universel que la franc-maçonnerie élève au grand architecte de l'univers, c'est-à-dire *à la vérité et à la lumière;* et tandis que chacun de nous, ouvrier humble et docile, apporte courageusement sa pierre à cet édifice de régénération sociale, eux, ces orgueilleux potentats, rompent vainement des lances contre ce champion invincible, la raison humaine. Aveuglés par leurs emportements, leur intolérance, ils ne s'aperçoivent pas, les malheureux, qu'ils paralysent leurs efforts et deviennent impuissants à réparer les brèches que le bon sens fait chaque jour à cette forteresse décrépite et lézardée qu'ils entourent de vains remparts.

Ce que ces hommes ne comprennent pas, Monseigneur, et cela ne m'étonne pas, c'est que le temple des Francs-Maçons soit ouvert à tous les cultes, à toutes les religions. La leur est exclusive et tyrannique. La nôtre, plus vaste, embrasse toutes les autres sociétés humaines : elle en prend tout ce qu'il y a de beau, de bon et de grand ; en un mot, tout ce qui appartient à Dieu, tout ce qui le révèle, tout ce qui l'honore, sans en exclure le catholicisme, et ne rejette que ce qu'il y a d'erreur et d'injustice dans chacune d'elle.

C'est pourquoi « *quiconque a cette volonté désintéressée, cette soif de Dieu et de son royaume, quiconque aime ses frères, qu'il soit juif, musulman ou païen, catholique ou protestant, mystique ou rationaliste, matérialiste ou hégélien, nous l'acceptons* (1). »

La franc-maçonnerie est donc non-seulement compatible avec le christianisme de *Jésus-Christ*, mais encore il y a entre eux une liaison, une sympathie intimes.

Donc, si *nos ennemis de tous les temps* eussent poursuivi l'idéal avec cette fermeté de résolution qu'ils ont mis à répandre dans le monde les maximes de leur religion, s'ils eussent dépouillé leur Dieu de tout ce matérialisme qui en faisait un être aussi inconséquent, aussi peu sage, aussi cruel que ses créatures; si ces hommes impérieux qui ont crié à l'athéisme et à l'impiété parce que l'on a refusé d'adopter les yeux fermés leurs dogmes incompréhensibles, de courber le front sous le joug de leur despotisme cruel; si ces hommes, au lieu de s'occuper à satisfaire leur égoïsme, à chercher leurs avantages personnels, et cela sous le prétexte de la plus grande gloire de leur Dieu et de tous ses saints; si ces hommes, enfin, eussent rempli la mission dont ils se disaient chargé par la divinité elle-même, ils auraient pu se convaincre, Monseigneur, que les loges maçonniques ont toujours été ce qu'elles sont encore, des temples où *la Foi, l'Espérance et la Charité* ne sont pas considérées comme des vertus illusoires, mais sont consciencieusement

---

(1) *Le Catholicisme et la Franc-Maçonnerie*, par M. R. Seydel, professeur de philosophie à Leipzig.

mises en pratique. Ils auraient vu que la franc-maçonnerie est bien en effet « *l'alliance par excellence, l'alliance des alliances* (1); » que son pouvoir est immense, irrésistible, parce qu'il n'impose rien et ne s'impose à personne.

Ils auraient vu, ces hommes présomptueux et matérialistes, que notre Dieu, à nous, n'est pas celui qu'ont encensé quelques fanatiques; que ce Dieu est bon, grand et magnanime; qu'il pardonne tous les écarts de ses enfants; qu'il n'a point d'enfer pour les torturer; qu'il se fait aimer par sa clémence; que sur son front, qui ne se courrouce jamais, rayonne comme une auréole d'un divin éclat une inépuisable bonté, un éternel amour pour sa pauvre créature, dont l'âme émue se sent attirée par le doux regard de ce bon père vers le bien, la reconnaissance, le repentir....

Ils auraient encore vu, ces hommes qui nous détestent, que nous n'avons jamais représenté l'*Être éternel* comme un Dieu vengeur, toujours irrité, toujours prêt à martyriser cette pauvre espèce humaine; que nous ne l'avons jamais rendu inconséquent avec lui-même, en lui faisant exiger d'êtres créés imparfaits des sacrifices qui sont au-dessus des forces physiques et morales dont ils ont été doués; que nous ne lui avons jamais fait commander la vengeance et la persécution; que nous ne l'avons jamais fait se repaître du sang des victimes, se ré-

---

(1) R. Seydel.

jouir des larmes arrachées à la faiblesse ; que jamais enfin nous ne lui avons dressé des bûchers fumants, offert des holocaustes de chair humaine, à ce Dieu que nous aimons......

Et cependant, c'est sous ce masque de cruauté, l'histoire d'Espagne nous le prouve (1), que pendant près de 327 ans, des bourreaux, sous le nom de grands inquisiteurs, ont voulu faire reconnaître un Dieu de paix, un Dieu d'amour ! C'est sous le manteau d'un tyran qu'ils ont osé nous représenter Jésus-Christ, la charité et la bonté personnifiées ! Non, non, Monseigneur, l'histoire a menti, ou tous ces hommes ont blasphémé, car ce n'était pas là la divine figure de ce Jésus résumant toute sa doctrine par ces mots sublimes : « *Je vous commande ceci : de vous aimer les uns les autres.* »

Oui, chacun de ces hommes a enfoncé son clou dans les chairs palpitantes de Jésus-Christ !

Chacun de ces hommes a posé sa couronne d'épines sur la tête de Jésus-Christ !

Chacun de ces hommes a porté son coup de lance dans le flanc de Jésus-Christ !

Chacun de ces hommes, enfin, a passé son éponge

---

(1) De 1481 à 1808, c'est-à-dire pendant près de 327 ans, sous le ministère de quarante-cinq inquisiteurs généraux, le Saint-Office, en Espagne seulement, a brûlés vifs 34,658 individus ; brûlés en effigie 18,049 ; condamnés aux galères ou à la prison 288,214 ; condamnés à porter le *san benito* pour un temps déterminé ou à perpétuité plus de 200,000 malheureux. Total des victimes : 540,921.

(*Histoire de l'Inquisition en Espagne*, par Llorente.)

imprégnée du sang de ses victimes sur les lèvres de Jésus-Christ !

Et, malgré tous ces vains mensonges, toutes ces phraséologies théologiques de leurs défenseurs modernes, non ! jamais on n'effacera ce stigmate qui les flétrit tous pour l'éternité, car l'histoire, elle aussi, *a cloué* sur leur front les noms de Pilate et de Judas !......

C'est vrai, Monsieur le baron, de nos jours le catholicisme a été attaqué avec violence, foulé aux pieds avec dédain par des cœurs ardents, trop chrétiens peut-être, qui veulent enfin qu'on arrache à la religion du Christ ce masque repoussant sous lequel quelques hommes ignorants veulent encore nous l'enseigner. Les choses saintes sont et resteront toujours vénérées ; la vraie religion dont Jésus seul a mis en pratique les divines maximes n'est point un objet de dérision, et elle ne peut le devenir que pour des insensés. Cette religion, Dieu la mise en principe dans le cœur du premier homme qu'il a placé sur la terre ; elle a toujours existé, elle existera toujours, car elle est impérissable. Elle a été falsifiée, dénaturée par les mauvais, chez tous les peuples et à toutes les époques. Mais les désordres dont elle a été la cause n'ont pu en altérer l'éclat divin, et aujourd'hui, secouant la poussière de toutes les iniquités dont les siècles l'ont recouverte, elle apparaît pure et immaculée au milieu des tempêtes humaines. Comme l'arc-en-ciel après l'orage, elle éclaire l'avenir d'une douce espérance. Dieu n'a donc fait que gagner,

Monseigneur, dans cette lutte suprême qui lui rend son véritable caractère de mensuétude et de miséricorde envers tous les hommes.

Le Dieu vengeur du moyen âge était trop en rapport avec les idées mesquines, partiales et tyranniques de cette époque de féodalité; c'était plutôt un homme qu'un Dieu, et aujourd'hui il nous paraît *si petit* qu'il se perd dans l'espace incommensurable de l'infini qu'entrevoit notre imagination; le mesurant à leur taille, ces hommes d'alors l'ont affublé d'oripaux humains ! Place aujourd'hui, place pour le nôtre, Monseigneur, qui embrasse l'immensité de sa gloire, de sa puissance, et dont *le manteau*, ne se taillant point sur le patron de celui d'un roi, peut non-seulement couvrir l'univers tout entier, mais encore ces mondes innombrables que sa volonté suprême suspend dans l'immensité des cieux ! Place pour la divine image du grand Dieu de miséricorde et d'amour ! Place encore pour celle de son véritable interprète, de ce grand apôtre digne de sa mission divine, de Jésus enfin, le seul des hommes qui aient su comprendre la gloire infinie de son Dieu et la traduire par des actes d'une sublime charité. Place à ce martyr du bien, du beau et du vrai qui n'a point toujours eu, dans le passé, que de sincères imitateurs, mais des hypocrites qui ont dénaturé, souillé, par leurs prévarications et leurs iniquités, cette religion pure et simple que Jésus en mourant sur la croix a léguée au genre humain *tout entier*.

Vous vous récriez avec indignation, Monseigneur, à ce passage du livre de M. Seydel, « *avec quelle facilité on expie dans l'Église catholique les crimes les plus abominables !* » Un tel langage est, dites-vous, incompréhensible; permettez-nous de vous dire, Monseigneur, que c'est nous qui ne comprenons pas le vôtre, car les *grands moyens* de rémission, pour ne parler que de ceux-là, sont trop connus dans le monde entier, pour qu'ils n'aient pas été autrefois en usage à Mayence comme ils l'étaient partout ailleurs en France. L'histoire nous montre à chaque page des legs, des fondations pieuses, consenties par des esprits faibles torturés par le remords, effrayés par l'idée d'une damnation éternelle, qui ont donné de tout temps, au détriment d'héritiers directs et nécessiteux, de beaux et bons revenus au clergé en échange d'indulgences et de prières, lesquelles, hélas! n'ont point empêché les pauvres déshérités d'aller mourir de misère dans quelques hôpitaux.

Il est heureux, Monseigneur, que le sentiment douloureux qu'a éveillé en vous, pour la première fois, les lignes de M. Seydel, n'ait pas fait couler vos larmes. Celles que versent les hommes, *quand elles sont sincères*, sont ordinairement l'expression d'une profonde douleur; mais franchement, Monsieur le baron, je ne comprendrai pas les vôtres, car je ne vois rien dans les nobles et grandes idées qu'exprime M. Seydel qui soit de nature à éveiller en vous un sentiment douloureux; mais, je le sais, tous les cœurs ne ressentent pas les choses de la même façon.

En terminant, laissez-moi vous dire, Monseigneur, que vos craintes me semblent encore tout à fait superflues, quand vous déplorez si charitablement l'entreprise des architectes *francs-maçons*, « *persuadé,* » dites-vous, *que tous, maîtres et ouvriers, élèvent* » *un édifice sans fondement, bâti non sur le roc, mais* » *sur le sable, qui finira infailliblement par s'écrouler* » *et ensevelir sous ses ruines les maîtres et les ou-* » *vriers* (1). »

Monseigneur, veuillez bien retenir ceci : *les architectes* qui président à la construction du temple que la franc-maçonnerie élève « *au bien absolu, à la vérité, à la justice,* » connaissent mieux que de présomptueux ignorants la *vraie architecture* et ses principes sacrés. Ils connaissent Jésus-Christ et le temple défectueux que des hommes inhabiles ont bâti pour eux en son nom. Ils savent que le roc, hélas! trop vulnérable, sur lequel s'élève cette construction humaine, est miné depuis des siècles par les flots des révolutions que l'ignorance et l'ambition des architectes de cette construction ont soulevé contre elle. Ils savent encore, ces architectes de la franc-maçonnerie, qu'un temple élevé à la divinité suprême ne doit avoir rien d'humain, rien de terrestre, parce que les prêtres de ce *bien absolu* n'ont point, comme

---

(1) *Un Catholique peut-il être Franc-Maçon*, par M. de Ketteler, évêque de Mayence. 1865.

ceux du catholicisme, la prétention ridicule d'y trôner à la place de Dieu. Ils savent enfin que le temple qu'ils édifient, ayant pour fondement unique Dieu lui-même, n'a rien à redouter du souffle des tempêtes humaines, et qu'il ne s'écroulera que lorsque la volonté divine voudra effacer de l'espace le globe sur lequel nous vivons....

Prenez-donc garde, Monseigneur, que « l'*édifice* » *qui finira infailliblement par s'écrouler et ensevelir* » *sous ses ruines les maîtres et les ouvriers,* » ne soit tout autre que cet orgueilleux temple d'Adonhiram qui, d'après vous, chancelle déjà de toute part....

∴ PIERRE ∴

L'ILLUSION CLÉRICALE

DE M. LOUIS VEUILLOT

> Qui ubicumque eum apprehenderit, allidit illum, et spumat et stridet dentibus, et arescit; et dixi discipulis tuis ut ejicerent illum, et non potuerunt (V. 17, cap. IX, Ev. S. Marcum.)
>
> Hypocritæ, bene prophetavit de vobis Isaïas, dicens : Populus hic labiis me honorat : cor autem eorum longe est a me. Sine causa autem colunt me, docentes doctrinas et mandata hominum. (V. 7, 8, 9, cap. XV, Ev. S. Math.)

Un des hommes de nos jours qui ont été les plus préjudiciables aux intérêts de la religion catholique, c'est, à coup sûr, l'un de ses champions les plus fougueux, M. L. Veuillot, plus amusant que redoutable pour ses adversaires, et dont les colères intempestives, les grincements de dents, les contorsions de possédé d'ultramontanisme, excitent depuis quelque temps l'hilarité des uns, le dédain des autres, et, disons-le aussi avec regret, la pitié du plus grand nombre de ses lecteurs, même cléricaux dévoués.

M. L. Veuillot, embouchant le clairon de l'insolence, en fait sortir sur tous les tons les épithètes injurieuses qu'il lance à la face de la société moderne.

Il se fait le don Quichotte, le Palladium invulnérable de ce parti ridicule de l'intolérance religieuse, recruté parmi les ambitieux et les despotes du clergé catholique, lesquels, hélas! se bercent encore de ces utopies ultramontaines que des cerveaux malades peuvent seuls rêver en face de ce progrès qui éclaire l'humanité au xixe siècle, et dont la France, toujours en avant, tient glorieusement le flambeau.

Le prestige de l'autorité temporelle et spirituelle du pape n'avait jamais reçu un coup pareil à celui que l'honnête M. L. Veuillot, emporté par la fougue de son exaltation religieuse, vient, avec la meilleure bonne foi du monde, de donner non-seulement à la papauté, mais encore, ce qui pis est, à la foi chrétienne elle-même.

L'*Illusion libérale*, par ce fervent catholique, est un amas d'idées confuses, de phrases incohérentes, visant à l'effet, parlant de tout à propos de rien, mêlant le diable avec le bon Dieu, Veuillot avec le pape, *la théocratie à l'envers* avec *le veuillotisme pur et simple;* le tout assaisonné de gros sel, entre-lardé, par-ci par-là, d'impertinences et de trivialités, enfin où le comique et le sérieux se donnent la main. En résumé, ne faisant naître dans l'esprit du lecteur aucune idée sérieuse, mais un sourire de pitié pour tant de rage, de dépit et d'impuissance.

Jugeons-en par quelques paroles extraites de cette ILLUSION CLÉRICALE :

« Jésus-Christ est le roi du monde ; il parle au
» monde par son prêtre, et les décrets de ce prêtre
» étant l'expression des droits royaux de Jésus-Christ,
» sont éternels (p. 37). »

« Pierre est éternellement la *pierre* posée de Dieu,
» la montagne que Dieu se plaît d'habiter (p. 37). »

Serait-ce, d'après M. L. Veuillot, parce que Jésus-Christ abaissait constamment l'orgueil des *dominateurs* de toute sorte qu'il ne pouvait souffrir, et qu'en fait de sceptre il n'a eu, par dérision, qu'un roseau dans la main, qu'il aurait institué un *dominateur* absolu sur la terre, lui qui a dit : *Il n'y aura parmi vous ni premier ni dernier.*

Vraiment, nous ne savions pas que Jésus, fils d'un humble charpentier peu fortuné, de la petite ville de Nazareth, en Galilée, eût possédé autre chose que la sublime charité de son cœur; nous ne connaissions en fait de diadème dont on ait ceint son noble front, qu'une couronne d'épines, laquelle, certes, a demandé plus de courage et de dévouement pour la porter qu'il n'en a fallu à ces orgueilleux successeurs de saint Pierre pour coiffer la tiare à triple couronne, dont les joyaux et les diamants ont remplacé les épines sanglantes qui ornaient celle de Jésus-Christ. Et quand nous songeons aux papes Sergius III, Jean X, Léon VI, Étienne VII, Jean XI, Jean XII, Benoît IX, enfin au trop fameux Borgia, Alexandre VI, et à tant d'autres pontifes et prélats dont l'histoire nous a conservé *les hauts faits*, nous ne croyons pas encore, quoiqu'en dise ce saint homme, M. L. Veuillot, qu'un esprit aussi pur, aussi élevé, aussi divin que celui de Jésus-Christ, ait jamais daigné *résider*, à quelque titre que ce soit, dans des êtres semblables, la honte éternelle de la papauté à ces temps *de foi et de ferveur religieuse*. — Mais continuons :

« Pierre, *Os Christi*, dit éternellement la parole divine (p. 36). »

« Quand le souverain pontife a proclamé une
» décision, *nul* n'a le droit d'y ajouter ou d'en
» retrancher la moindre voyelle, *non addere*, *non*
» *minuere*. Ce qu'il affirme, c'est le vrai pour tou-
» jours (p. 149). »

En vérité, M. Veuillot est bien l'homme le plus audacieux et le plus *incroyable* qui ait jamais osé parler de religion. — En cette matière, il rend des points aux plus exigeants, car il est, certes, plus papiste que tous les papes ensemble. Il ne paraît pas se douter des grandes responsabilités qu'il assume sur sa tête *en faisant ainsi rendre à Jésus-Christ, par la bouche du pape, tous ces décrets spirituels et temporels, divins, immuables et éternels !*...

L'histoire nous apprend encore à juger tout ce qu'il y a eu *de divin* dans ces décrets qui, fort heureusement, n'ont pas été plus immuables qu'ils ne seront éternels : espérons-le.

Si M. L. Veuillot ne respecte pas la papauté, qu'il respecte au moins le caractère divin et désintéressé de Jésus-Christ, lequel a vécu sans ambitionner d'autre couronne que celle du martyre.

Qu'il n'oublie pas que Jésus est mort sur la croix, ne possédant pour tout bien qu'un amour sans bornes pour ses semblables et l'affection de ses apôtres dévoués, lesquels, *ceux-là*, abandonnèrent toutes leurs richesses pour suivre les pas de leur divin maître et, à son exemple, se dévouer au bien de l'humanité.

Pourquoi ternir ainsi cette auréole divine qui entoure Jésus-Christ d'un si vif éclat, en le mêlant à toutes *ces affaires de sacristie et de temporel* dont il n'a que faire. M. L. Veuillot sait bien que Jésus a toujours dit que *son royaume n'était pas de ce monde*.

« En dehors de l'empire des décrets du prêtre de Jésus-Christ, roi de la terre, rien de bon n'existe (p. 38). »

Décidemment, M. L. Veuillot est trop exclusif dans la perfection qu'il accorde au pontife-roi dont il fait tout bonnement un Dieu, et nous lui citerons le passé et même le présent, qui donnent à son assertion le démenti le plus formel.

Mais rien n'approche de la force de ces mots : « *Nul homme ne sait rien, excepté le souverain pontife* (p. 149). » Ainsi, Messieurs les cardinaux, Messieurs les archevêques, Messieurs les évêques, Messieurs les prêtres, etc., sont comme tous les autres hommes, des ignorants que nous pouvons traiter d'imposteurs, puisque, d'après M. Veuillot, ils ne savent rien.

Encore une fois, l'histoire devrait prouver à ce

dévot écrivain, à moins qu'il ne soit un ignorant ou que l'histoire *ne soit falsifiée*, comme il le dit, que si les papes ont su se rendre puissants et redoutables, ils n'ont pas toujours fait *de bonnes choses*, ni *su ce qu'ils faisaient*, car les uns ont défait ce que les autres avaient établi, et aucun d'eux n'a su protéger suffisamment la foi contre les attaques de l'hérésie et de l'impiété dont eux-mêmes ont souvent donné l'exemple.

Mais puisque *le pape seul sait tout* et les autres hommes *rien*, nous demandons à M. Louis Veuillot, qui probablement n'en sait pas plus que les autres, et peut-être beaucoup moins, ce qu'il a la prétention ridicule de vouloir nous apprendre?

Serait-ce, par hasard, qu'il compte au nombre des *simples et des purs* « *de ce catholicisme pur, simple, entier et intégral?* » Nous le savions déjà : M. L. Veuillot nous l'a crié trop souvent dans l'*Univers* pour que nous l'ignorions.

Que vient-il donc nous apprendre, cet homme qui croit sérieusement qu'il n'y a que *lui* et le pape ici-bas qui savent quelque chose, le voici :

« En langage chrétien, dit-il, nous pouvons dire
» du plus grand nombre des hommes, ou qu'ils ne
» sont pas même nés ou qu'ils sont déjà morts et ne
» servent plus qu'à communiquer la mort. »

Nous voudrions bien savoir ce que M. Veuillot, lui, communique *aux simples et aux purs* de ce catholicisme qu'il défend si énergiquement, mais à coup sûr, à l'heure qu'il est, un peu de force et de vie, dans ces corps moribonds, ne leur seraient pas de trop. Qu'en pense-t-il?

« Ce serait, dit-il encore, allonger sans utilité ces observations que de s'arrêter à considérer *le monstre vague que l'on appelle* « *la société moderne* (p. 106). »

Je ne suis pas de son avis, et je trouve qu'il n'y a pas seulement utilité, mais enseignement et divertissement à considérer toutes les grimaces, toutes les jongleries de ce monstre, dont M. Veuillot oublie sans doute *que lui et ses purs* composent une grande partie, peut-être bien la tête et les pattes.

« *Cela, cette multitude d'enfants, de larves et de cadavres, c'est l'humanité vieillie et majeure, perfectionnée, parfaite* (p. 30)! »

Cadavres, en effet, dont des *vampires* sucent le sang depuis des siècles ! mais lui, M. Veuillot, qu'est-il ?... fœtus, larve, cadavre ou enfant terrible ?

Si la vieille Église n'a pas aujourd'hui le secret d'inspirer des lois en harmonie avec les besoins de cette humanité désormais en pleine puissance de raison, de lumière et de justice, capable de se gouverner elle-même, c'est qu'autrefois, hélas ! cette Église a trop longtemps abusé de sa tutelle, et que les secrets, pour transformer cette humanité en cadavres, ne lui ont été que trop connus.

Mais continuons, d'après M. Veuillot, le portrait de « ce monstre qu'on appelle la société moderne, » de cette « *humanité tombée en démence* (p. **157**). » Elle se compose de gens qui osent prétendre « que *le catholique pur et simple*, qui croit et pratique ce qu'enseigne l'Église, est un catholique peu éclairé (p. **6**), » et que, par conséquent, l'Église catholique manque de lumière malgré les vains efforts que M. Veuillot fait dans l'*Univers* pour pénétrer les *simples* de sa divine clarté.

De gens se disant catholiques libéraux et dans le verbiage desquels les *simples et purs* dévots reconnaissent divers lambeaux des doctrines révolutionnaires : « du Lamennais et même du Proudhon (p. **7**), » mais absence complète du Veuillot.

De gens qui ont l'audace de qualifier ces catholiques *purs et simples* de *catholiques intolérants !*...

« De gens ne voulant plus d'alliance entre l'Église et l'État; demandant que le particulier professe et suive le culte qu'il a choisi suivant sont goût (p. **6**); que toute religion prêche, imprime, processionne, carillonne, anathématise, enterre suivant sa fantaisie, voulant surtout que chaque ministre du culte soit, avant tout, ce que doit être un bon citoyen. »

De gens « ne s'embarrassant point des bulles dogmatiques de la cour romaine pas plus que de celle *Unam sanctam* de Boniface VII; de celle *In Cœna domini* et de toutes les bulles possibles. » Ne reconnaissant d'autre droit divin que celui de tout le monde; n'admettant et ne pratiquant que la religion de Jésus-Christ, et refusant de s'en servir comme d'un manteau pour abriter, dissimuler l'ambition et la domination qui sont contraires aux préceptes de cette religion de justice et de charité.

De gens « aux cœurs défaillants, » remplis des « violences de l'appétit d'Ésaü et de la force de sa passion pour les lentilles (p. 56), » exactement comme cet appétit dévorant de Torquemada pour les hérétiques et de sa passion pour les bûchers et autres supplices très-chrétiens.

De gens qui pensent « qu'il y a sur la terre une nouvelle humanité, dans le ciel un Dieu nouveau (p. 28), » ce dont lui, M. Veuillot, n'a pas l'air de se douter.

De gens qui croient que «le Saint-Esprit, qui ne pense pas plus ce qu'il pensait autrefois, *ne révèle plus à l'É- glise ce qu'il pense* (p. 30); » ainsi que la chose arriva, par exemple, en 359, aux conciles assemblés à Rimini et à Séleucie ; 400 évêques à Rimini, et 200 à Séleucie ; le Saint-Esprit présidait des deux côtés, car les évêques assemblés en concile sont inspirés de droit par le Saint-Esprit, en leur qualité de successeurs des apôtres ; le Saint-Esprit défit à ces conciles ce qu'il avait fait 34 ans auparavant au concile de Nicée, il dépouilla Jésus-Christ de sa divinité, et les évêques en revinrent au sentiment de saint Paul. Mais, en 381, au concile de Constantinople, le Saint-Esprit, qui inspirait encore les évêques, changea d'avis et s'anathématisa lui-même, en inspirant aux Pères d'anathématiser le concile de Rimini. Jésus fut enfin rétabli dans tous les droits de la divinité et il les a conservés depuis......

De gens dont « l'illusion libérale n'a pas seulement
» le pouvoir de falsifier l'histoire, la Bible, la reli-
» gion et de teindre de ses fausses couleurs jusqu'à
» la nature humaine (p. 118), » comme le font
chaque jour M. Veuillot et ses *purs;* mais encore
« de leur ôter l'appréciation du présent, comme elle
leur dérobe la connaissance du passé et la vue de
l'avenir, » de telle façon « qu'ils ne voient plus ce
qui se passe, » comme M. L. Veuillot et ses *purs;*
« n'entendent plus ce qui se dit, » comme M. L. Veuillot et ses *purs;* « ne savent plus ce qu'ils font eux-
mêmes, » comme ce pauvre M. L. Veuillot et ses
purs, enfin « méconnaissent leur propre cœur comme
tout le reste, » toujours comme ce bon M. Veuillot et
ses *purs*, que leur amour désordonné pour ce catholicisme *pur et simple qu'ils rêvent* rendent plus intolérants que méchants, plus divertissants que redoutables, et dont le zèle porte plus de préjudice que
de profit à leur parti.

Aussi pour M. L. Veuillot « le catholicisme libéral
est un habit de grande commodité » qu'il voit en-
dosser aux autres avec un secret dépit dont il ne con-
vient pas; « habit de cour, dit-il, habit d'acadé-
démie, habit de gloire, habit qui donne les couleurs
de la fierté sans transgresser les conseils de la pru-
dence; habit qui entre dans l'Église et qui est reçu
dans tous les palais, et même dans toutes les ta-
vernes (p. 27). »

Ce langage, dans la bouche de M. Louis Veuillot,
dépasse sûrement un regard de convoitise et nous

fait supposer qu'il changerait volontiers son *froc d'ultramontain* contre cet habit si commode de la théocratie libérale, fût-elle à l'envers, comme il le dit ; mais, hélas ! il sait bien, le pauvre homme, que sa taille manque d'ampleur et n'est bonne, tout au plus, que pour un habit de sacristain *de ce catholicisme pur et simple* dont il chante les louanges avec une incroyable ardeur.

Cette déception m'explique la rage comique et l'inconvenance avec lesquelles ce fougueux athlète se livre journellement à ses joutes littéraires dans l'*Univers* où, prenant la pose ridicule d'un nouveau David, il menace de sa fronde impuissante ce Goliath moderne, *la libre pensée*, qui rit de ses grimaces et dédaigne ses injures.

M. L. Veuillot, qui voit les autres « *pleins de beaux désirs et de belles illusions,* » ne s'aperçoit pas que lui-même est le jouet de *désirs impossibles*, *de belles illusions cléricales*, lesquels ne sont peut-être point si *pleins de charité* que lui-même semble plein de satisfaction personnelle.

C'est peut-être cet « épais brouillard, s'élevant du sein de la multitude pour obscurcir les intelligences supérieures, » qui voile ainsi celle de ce bon apôtre et de ses *purs* catholiques ; il est à craindre que, lorsque la *lumière* leur viendra, elle n'éclaire en effet de tristes réalités pour eux.

Nous sommes de l'avis de M. Veuillot. C'est certainement « la colère divine qui éclate, triomphe et punit le long mépris de la vérité ; » mais quels sont les coupables que la justice de Dieu doit frapper? Sont-ce les catholiques libéraux, ou les catholiques *purs et simples*?

Si les premiers triomphent, c'est qu'ils ne sont pas coupables et que le ciel les bénit; mais si les veuillotistes sont purs et immaculés, pourquoi Dieu qui est juste les frapperait-il?

M. Veuillot devrait bien profiter un peu de la leçon qu'il se trouve si heureux d'avoir reçu d'un catholique libéral *empêtré*, et ne pas *s'empêtrer* lui-même dans des théories extravagantes et regrettables pour un homme qui pose quelque peu pour un des illuminés de l'*Univers*.

Catholique *pur et simple*, tant qu'il voudra, *le veuillotiste* porte un caractère plus connu, et tous ses traits font également reconnaître un personnage trop ancien et trop fréquent dans l'histoire de l'Église; *bigot*, voilà son vrai nom.

Nous espérons bien qu'un jour, lorsque M. Veuillot aura perdu ses dernières illusions cléricales, le chant de la *sirène libérale* achèvera ce que cet *habit si commode de la théocratie à l'envers* a secrètement commencé : une conversion sincère aux idées démocratiques de l'Évangile. Alors, M. Veuillot, ayant perdu cette *foi ferme* qui l'anime, se fera aussi lui l'écho de cette « *enchanteresse qui attire aisément sur le bord de l'abîme,* » laquelle a déjà séduit, sans qu'il s'en doute, ses yeux, sa raison, son cœur, si bien qu'un peu plus il s'écrierait comme il le fait en se tournant « vers le crucifié de Rome : *Je te crois, je t'adore, je veux mourir avec toi!....* »

« *Il faut,* dit-il encore, *soigneusement veiller à rester tout un, pour ne pas bientôt se trouver tout autre.* »

Cette église libérale, sous forme de sirène, n'est donc point si chimérique qu'on pourrait le croire, d'après M. Veuillot lui-même; elle a donc des attraits puissants, pour être reconnue aussi redoutable, et *la folie, l'extravagance, l'erreur* ne seraient donc point tant du côté des catholiques *libéraux* que de celui des catholiques *purs* et *simples.*

M. Veuillot semble, par moment, être en proie à des hallucinations étranges; il croit voir et entendre des torrents bruyants, profonds, violents, menaçant d'emporter l'Église et quiconque voudra défendre son intégrité; il est bien certain que nous sommes au temps des grandes inondations, des torrents furieux qui emportent, hélas! malheureusement trop de réalités indispensables aux besoins de la vie; des maisons, des récoltes, des bestiaux ont disparu pour laisser la ruine et le désespoir; mais aucune église, que nous sachions, n'a été atteinte par le fléau destructeur. Espérons donc que les torrents imaginaires de M. Veuillot ne seront pas plus redoutables pour l'Église de Jésus-Christ que ceux trop réels de 1866 ne lui ont été préjudiciables. Que ce rude champion se rassure à ce sujet, l'Église pour laquelle il met *flamberge* au vent n'a nul besoin de son bras; le progrès s'est chargé de la défendre et de la réédifier au besoin, mieux que tous les veuillotistes du monde. Les ouvriers qui la reprendront en sous-œuvre en consolideront les fondements sur un roc plus dur que la pierre, et contre lequel les tempêtes les plus furieuses seront impuissantes.

Non, Monsieur Veuillot, le torrent qui déborde de toute part, à votre grande épouvante, pourra effectivement renverser bien des constructions inhabiles, bien des édifices bâtis sur le sable, engloutir bien des embarcations trop fragiles ou mal lestées, pour résister contre ce rapide courant, mais la *barque* de saint Pierre ne périra pas, parce qu'elle ne peut, ni ne doit périr.

L'*équipage* qui la monte pourra sombrer peut-être par suite de ses fausses manœuvres, mais saint Pierre et sa barque se joueront toujours de la fureur des flots.

M. Veuillot, cette sentinelle avancée du catholicisme, peut donc dormir tranquille, le danger qu'il croit voir est purement imaginaire, et dans cette circonstance il y a peut-être de sa part un certain calcul que nous nous abstiendrons de qualifier.

Tant déplorable que soit, suivant lui, le succès d'un *livre et d'un journal* (1), l'honnête écrivain catholique échangerait volontiers ce succès contre son insuccès journalier; nous en sommes fortement convaincu.

(1) Le journal le *Siècle*, et la *Vie de Jésus*, par M. Renan.

Si en 1864 et 1865 il ne s'était pas bâti plus d'églises que le livre de M. Renan n'a eu d'éditions, ce serait pour le coup que M. Veuillot aurait raison de dire qu'il voit et qu'il entend le torrent qui menace le catholicisme. Nous sommes même convaincu, quoiqu'en pense ce saint homme, que le livre de M. Renan a plus fait élever d'églises que tous les journaux très-chrétiens de l'univers. Quant à l'œuvre du « blasphémateur, » si elle est tombée sous les pieds insouciants des fidèles, ce n'est pas sans s'être arrêtée dans le cœur du plus grand nombre. Il est tant d'autres œuvres de blasphémateurs qui ne tombent pas, mais que l'on jette avec mépris sous les pieds pour les fouler dans la boue....

Laissons M. Veuillot, ce nouvel archange, aux prises avec le sphinx révolutionnaire dont il connaît le côté vulnérable, et qui ne manquera pas de tomber foudroyé lorsqu'il lui lancera son terrible « *quis ut Deus.* »

Nous aussi, Monsieur Veuillot, nous déplorons sincèrement et condamnons fortement « les usurpations, l'immoralité croissante, la haine contre la religion *vraie* et l'Église de *Jésus-Christ.* » Seulement, il s'agit de savoir quels sont les victimes de ces usurpations, en quel lieu croît cette immoralité, et quels sont les véritables ennemis de la religion et de l'Église? De cette différence d'interprétation, il pourrait bien résulter que les dupés à nos yeux sont les dupeurs aux vôtres ; que les agneaux qui crient au loup sont eux-mêmes les vrais loups qui dévorent les agneaux. Ces ruses de loup, quoique connues depuis longtemps, donnent encore le change journellement dans d'autres conditions à bien des gens.

En fait d'usurpations, nous connaissons surtout celle tentée sur la liberté de conscience et sur la propriété ; en fait d'immoralité, celle qui naît chaque jour de l'oubli des principes les plus sacrés, amenant un trafic honteux et scandaleux ; en fait de haine contre la religion et l'Église, celle d'hommes hypocrites et pervers qui, tout en se disant leurs soutiens les plus dévoués, tout en leur disant : Je t'aime, je t'adore!... sapent l'une et l'autre jusque dans leur fondement.

Ce torrent, que M. Veuillot appelle l'*hérésie moderne*, que d'autres appellent *le progrès*, déborde déjà de tous côtés, et malgré les digues impuissantes que lui opposent quelques présomptueux esprits, ses flots couvriront bientôt le monde entier. Il n'y aura aucun terrain d'insubmersible, et le seul refuge qui s'offrira à ces mauvais esprits sera celui de la raison et de la vérité.

Quant à *la pierre* que M. Veuillot oppose à *cette hérésie*, il sait bien qu'elle est rongée depuis trop longtemps par les flots de cette *même hérésie* pour qu'à la prochaine tempête elle n'aille pas, comme celles de tous les siècles passés, blanchir de sa poussière quelques lointains rivages.

Il sait bien encore que cette autre *pierre roulante*, qui était hier dans un endroit, qui est aujourd'hui dans un autre, qui sera demain ailleurs, est *un roc inusable*, que les hommes ne taillent point à leur guise, mais qui sont eux-mêmes polis et façonnés par lui.

Il sait également que cette *pierre* lancée par Dieu roule depuis des siècles par le monde, s'arrêtant parfois pour reprendre sa marche éternelle et écraser tous ces imprudents pygmées qui croient lui barrer le chemin. Cette pierre, c'est toujours le progrès, c'est toujours l'*hérésie* de M. Veuillot.

Si encore cet honnête catholique se contentait de traverser « cette *orgie de sottises* » de notre époque sans en être lui-même l'un des plus bruyants convives, il est certain que cet *immuable*, dont il parle tant, ne serait peut-être pas si « pitoyablement nié et insulté. » qu'il l'est.

M. Veuillot, erreur lui-même, se fait l'écho de l'erreur générale de sa secte.

Si le libéralisme catholique est fier de son attitude extérieure, c'est parce qu'il domine partout et qu'il préfère un *césarisme libéral* à un *papisme* caduc et rétrograde.

C'est au nom de la liberté de conscience que le libéralisme catholique tend non à « *un écrasement de la conscience humaine,* » mais à l'affranchissement *complet, intégral* de cette conscience asservie par le *catholicisme pur et simple des veuillotistes.*

Les principes du christianisme n'ont jamais été mieux en rapport avec ceux de l'humanité qu'ils ne le sont aujourd'hui avec la société moderne. L'inconciliation que croit voir M. Veuillot est illusoire. C'est le *christianisme Veuillot et compagnie* qui est inconciliable avec la raison, les exigences de la société moderne et avec celles même du *christianisme de Jésus*, lequel n'a jamais été établi pour servir les intérêts personnels des uns au détriment de ceux des autres.

Libre à ceux qui trouvent que cette société moderne a tort d'aspirer à l'épuration d'un système défectueux, de se mettre à l'écart et de caresser, d'encenser, comme par le passé, leur fétiche ridicule; d'asservir, s'ils le peuvent, sous le joug despotique d'une religion à eux, les faibles, les timides ou les ignorants qui n'auront pas la force et le courage de relever la tête devant leur orgueil et leur ambition.

Libre à ceux qui estiment que cette société est un personnage « *fantasque et peut-être fantastique* » de s'attacher à cette autre société *sage, positive*, rêvée par les *veuillotistes*, dont les prétentions surannées pouvaient être bonnes à des époques où l'omnipotence temporelle et spirituelle savaient se soustraire à la justice humaine en commandant et en n'obéissant pas, mais lesquelles sont aujourd'hui incompatibles avec ces droits légitimes de chacun si chèrement achetés au prix de tant de noble sang.

Mais que ce vaillant paladin ne s'y trompe pas, le combat que se livrent à cette heure, dans le monde entier, la vérité et le mensonge, la lumière et les ténèbres, la justice et l'arbitraire, le bien et le mal, n'est autre que le combat sacré de Dieu contre

Satan, dont l'empire a commencé à s'établir avec le premier prêtre et ne peut finir qu'avec le dernier.

Eh! je comprends, en effet, tous les regrets de ces hommes voyant s'évanouir à jamais *ce prestige* qui pendant tant de siècles a été la source féconde de leur omnipotence temporelle et spirituelle.

Je comprends le désespoir de ces hommes, en voyant que cette arche sainte, édifiée par eux avec tant de labeurs et d'artifices, déjà lézardée par les secousses des révolutions passées, est aujourd'hui chancelante et incapable de résister aux nouveaux assauts que lui livrent le bon sens et la vérité.

Je comprends encore toute la crainte de ces hommes, voyant que la lutte qui s'engage aujourd'hui à la face du ciel et dans l'ombre est d'autant plus terrible qu'elle est calme, froide et raisonnée; que les armes employées n'étant ni le fer ni le feu, mais la saine raison, il devient impossible pour eux d'entonner le chant du martyre; que le *bon combat* étant pour la justice et la vérité, c'est-à-dire pour le seul et vrai Dieu de l'humanité tout entière, ce Dieu ne peut succomber contre l'esprit du mal qu'ont encensé l'orgueil et l'ambition.

En terminant, conseillons sérieusement à M. Veuillot, s'il est sincèrement dévoué au bien de l'Église catholique et de la papauté, de modérer ce zèle trop ardent qu'il apporte dans la défense de sa cause.

∴ PIERRE ∴

LETTRE

A Mgr PLANTIER

ÉVÊQUE DE NÎMES.

―――◦―⁕―◦―――

> Qui conversus, dixit Petro; vade post me, satana, scandalum es mihi : quia non sapis ea quæ dei sunt, sed ea quæ hominum.
> (V. 23, cap. XVI, Ev. S. Math.)

Je viens de lire, Monseigneur, votre lettre pastorale intitulée : *Pie IX, défenseur et vengeur de la vraie civilisation.*

Permettez-moi de vous faire observer que vos craintes sont au moins fort exagérées quand vous vous exprimez ainsi : « *Mais si de nouvelles infortunes venaient à s'abattre sur lui* (le souverain pontife), *nous verrions des écrivains assez lâches pour l'accabler alors d'injures plus amères que ces infortunes elles-mêmes. On ne manquerait pas de répéter, avec un surcroît d'ironie, que son sort est bien mérité, etc.* » (p. 4.)

Ne craignez pas de pareilles vilenies, Monseigneur, quelles que soient les infortunes qui viennent s'abattre sur le successeur de saint Pierre, vous ne verrez aucun écrivain assez *lâche* pour accabler d'injures un homme dans le malheur. Chez eux, la vengeance n'atteint pas le raffinement mis en pratique par Etienne VI à l'égard de Formose, son prédécesseur, qu'il fit déterrer, pour traduire son cadavre revêtu des ornements pontificaux devant un concile, l'accusant d'avoir usurpé le saint-siége. Etienne VI lui fit trancher la tête par le bourreau et ordonna de jeter son cadavre dans le Tibre. Dans un cœur honnête, Monseigneur, l'oubli de la charité chrétienne ne va pas jusque-là, et l'on sait respecter un ennemi vaincu.

Chacun interprète la civilisation suivant les besoins de sa cause; *la vraie* pour les uns, peut être *la fausse* pour les autres. Quoi qu'il en soit, c'est *le progrès* seul qui est « *l'énergique vengeur de la vraie civilisation*, » et un représentant de Jésus-Christ, quelles que soient les injustices dont il est victime, ne doit jamais parler de vengeance.

Vous pouvez, si cela vous plaît, classer parmi les « *inventions extravagantes* » du siècle les écoles « *rationaliste, critique, naturaliste, révolutionnaire et césarienne*, » que nous importe. Nous travaillons pour Dieu et le bien de l'humanité. Nous sommes cinq contre un, le monde est donc à nous. Nous n'avons à nous préoccuper ni du Papisme ni de son épiscopat, quelque courroucés, quelque intolérants, quelque foudroyants même qu'ils soient; leurs anathèmes frappent dans le vide; « *le colosse d'airain* » qu'ils veulent atteindre, « *ce monstre, évoqué des temps païens,* » engloutira bien certainement ces orgueilleux combattants dont la force trahit la présomption.

Si les écoles « *de mensonge et d'impiété,* » comme vous les appelez, n'admettent ni *les révélations* ni *les miracles*, c'est parce qu'elles croient que tout événement qui surpasse les forces et les lois de la nature doit être considéré comme chimérique, illusoire, et par conséquent comme un mensonge.

Ce sont donc nos antagonistes qui sont réellement « *des chefs de secte* » enseignant et soutenant des opinions de fantaisie ou d'invention personnelle, justement pour courber sous le joug de leurs dogmes arbitraires les peuples fanatisés et trompés par eux.

Ceux qui se sont dits « *les échos* » de la doctrine de Jésus-Christ n'ont pas toujours été fidèles à la redire, et surtout à la pratiquer eux-mêmes; elle s'est bien vite perdue à travers le temps et l'espace; le souvenir seul en est resté, et c'est tout.

Les préceptes de Jésus-Christ sont toujours mis en avant, mais en pratique, jamais : la domination et l'ambition, voilà ce que cachent presque toujours tous ces fatras théologiques, qu'on nous opposent constamment comme preuves irréfutables. Hé? pourquoi ne l'avouerions-nous pas franchement? pourquoi ne jouerions-nous pas de suite cartes sur table et ne dirions-nous pas nettement ceci :

Ce n'est pas Dieu que nous aimons et que nous respectons, que nous voulons attaquer; ce n'est pas les divins préceptes de morale et de charité de J.-C. que nous voulons renverser ; au contraire, nous demandons avec instance l'exécution scrupuleuse, intégrale de cette loi sublime ; mais ce que nous ne voulons pas, c'est que, sous prétexte d'une interprétation infaillible de cette loi, on vienne nous imposer des impossibilités, des absurdités, des inutilités auxquelles Jésus n'a jamais songé, et lesquelles travestissent, métamorphosent, dénaturent complétement la volonté qu'il a transmise à saint Pierre.

Nous ne voulons pas que, sous prétexte de représenter l'humilité, la charité, des hommes s'érigent en potentats, accumulent les richesses, et deviennent les maîtres du monde.

Et c'est parce que nous nous récrions contre ces écarts, ces oublis, que nous sommes de « *faux philosophes, des athées, des hérétiques, des pharisiens, des déserteurs, des bourreaux*, enfin de *cyniques apostats!* »

Oui, parce que nous n'avons pas une foi aveugle en l'infaillibilité du pape, en tout ce que nous affirme ce clergé ; parce que nous ouvrons les yeux pour voir, les oreilles pour entendre, la bouche pour parler, on nous crie avec emportement : Taisez-vous, vous n'avez pas le droit de parler ; vous ne savez rien, vous ne devez rien savoir, rien croire, si ce n'est ce que nous vous disons de croire, parce que nous, qui vous le disons, sommes seuls de droit divin, possesseurs de la vérité, de la lumière, de l'immuable, de l'éternel, etc.

En dehors de cette science particulière au clergé, tout le reste dans l'humanité n'est que mensonge, folie, utopie, impiété, athéisme, etc. ; ce n'est que ça, mais c'est ça.

Aussi, suivant ces Messieurs, les gouvernements et les peuples sont égarés ; la nuit les enveloppe ; le pape et les évêques sont seuls dans la bonne et véritable voie ; eux seuls ont conservé la raison ; eux seuls tiennent le flambeau de la vérité ; eux seuls voient l'avenir et le prédisent. Les gouvernements et les peuples ont les yeux bandés, les oreilles bouchées avec du plomb ; ils ne voient rien, n'entendent rien, ne comprennent rien, ne savent rien, ne font rien, ne croient à rien, tout cela n'est qu'une foule en démence, inepte, ignorante, insensible, blasphémante, que Dieu doit infailliblement foudroyer ou écraser par un coup de tonnerre épouvantable, terrible, etc., etc.

Monseigneur Plantier, en parlant ainsi, oublie vraiment que ses pieds touchent la terre, et non les nuages et les foudres d'un Jupiter olympien.

Il oublie que si nous n'admettons ni la révélation, ni le miracle, nous ne croyons pas davantage aux prophètes de malheurs. Nous trouvons que le soleil est encore trop radieux, la nature trop resplendissante, la France trop glorieuse, pour nous croire à la fin du monde. Nous ne voyons poindre ni l'antéchrist, ni le mystère d'iniquité de M. Dupanloup, ni le débordement d'hérésie de M. Veuillot, ni la légion infernale soulevée contre l'Église de Dieu que commande Satan ; nous ne voyons en danger que l'imposture de quelques hommes effrontés, égarant la religion qu'il est temps de passer par le crible de la raison afin de rejeter de côté tout ce qui est impur, tout ce qui est mensonge, tout ce qui est avarice, tout ce qui est impiété; mais cela se fera froidement, insensiblement, sans feu ni sang, sans débordements, sans coups de tonnerre, sans précipices, sans ruines, sans *syllabus* surtout, et n'ayant d'autres phares, pour éclairer la marche des choses à travers les écueils, que ceux de la froide raison et de la vérité.

Monseigneur Plantier ne pourra pas s'empêcher de convenir que la fameuse proclamation du dogme de l'immaculée conception de Marie, que nous respectons, est une nouveauté introduite dans la foi par Pie IX, un acte contre lequel les Pères de l'Église ont autrefois unanimement protesté ; mais avec le système de la révélation, tout devient possible, et il n'est pas douteux que le pape Pie IX, plus heureux au xixe siècle que tous les Pères de l'antiquité réunis, a dû y voir très-clairement dans le passé avant de déclarer ainsi officiellement au monde que Marie avait été conçue sans tache. Nous nous inclinons profondément devant une telle décision ; nous ne sommes pas nous, pauvres profanes, honorés de la *grâce incréée* et de la *grâce gratuite*, de sorte que notre vue ne peut pénétrer dans ces épaises ténèbres des siècles où l'œil du pontife seul voit clair. Mais nous constatons que le « tressaillement universel qui s'est produit d'un pôle à l'autre, dans toutes les âmes catholiques, au sujet de ce sacré décret, » n'a pas été ressenti partout.

Nous ne croyons pas non plus que Jésus et Marie aient jamais demandé que des *légions angéliques* s'enrôlassent avec ivresse sous un *drapeau quelconque*, surtout un drapeau blanc, pour se *consumer dans la mortification du cloître*. Cette mortification est contre la religion, contre la nature elle-même ; elle est déplorable et blâmable à plus d'un point de vue, et résulte plutôt d'un égarement de l'esprit que d'une vocation réelle ; elle a un autre but plus positif que celui de plaire à Dieu, lequel réprouve ces macérations ridicules pour lesquelles le corps humain n'a pas été créé. Et si chaque *légionnaire* n'apportait pas dans le cloître *autre chose* que des trésors de vertus, certes on serait moins ardent à faire des prosélytes, et la société y gagnerait quelques bonnes mères de familles de plus. Dieu n'a-t-il pas dit : Croissez et multipliez ?

Nous arrivons, Monseigneur, au chapitre VIII de votre livre, qui certes n'est pas le moins curieux pour moi. Permettez-moi de vous dire en passant que l'allocution du 25 septembre, prononcée par le souverain pontife en consistoire secret, nous a paru n'avoir ébranlé dans le monde rien autre chose qu'un édifice déjà très-chancelant. « Ce coup de glaive, » porté à faux, est à recommencer, et jusqu'à présent nous croyons vraiment qu'il n'atteindra qu'un fantôme.

Cette « *lèpre tenace et profonde* qui dévore la religion et l'Église » existe en effet depuis trop longtemps, et c'est un remède infaillible pour sa guérison que nous cherchons avec persévérance. Le trouverons-nous ? Espérons-le. Mais nous ne sommes pas de votre avis, Monseigneur, nous pensons que cette lèpre a pris naissance *ailleurs* que dans ces *sociétés* que vous dites *secrètes,* lesquelles sont beaucoup moins clandestines que certaines autres réunions autorisées où l'on tripotte de la politique *de mauvaise aloi* sous le manteau de la bienfaisance. Nous nous dispensons de les nommer ; le public les connaît aussi bien que nous. Ce sont là les officines d'où sortent de temps à autre certaines élucubrations nauséabondes, de ces *odeurs fétides* recueillies dans la fange des égouts de Rome et de Paris ; nous croyons qu'il eût été préférable de chercher sur des rivages moins bourbeux des *odeurs* et des *parfums* plus agréables que ceux dont on infecte le monde ; mais chacun ses goûts ; les uns aiment la fange, laissons-les s'y vautrer à leur aise.

Revenons à nos loges maçonniques, à ces *sociétés clandestines et secrètes* qui, bien loin d'être des foyers révolutionnaires, comme Votre Grandeur semble le croire, sont les réfuges de la véritable piété, de la charité, du progrès, du respect et du dévouement au pouvoir, surtout quant *ce pouvoir* est l'expression sacrée de la volonté nationale : *Vox populi, vox Dei.*

Oui, ces sociétés, fortes de leur puissance réelle et de leur bon droit, se rient de tous les anathèmes surannés lancés contre elles. Ces malédictions ne sont, en effet, que des météores allant se perdre dans le vide, ou ne pouvant atteindre que le bras imprudent qui les a lancés.

L'Avenir national contenait récemment un extrait d'une publication de la loge maçonnique de Palerme, répondant en ces termes à l'excommunication du pape : « Il fut un homme nommé Mastaï Ferretti
» qui reçut le baptême maçonnique et qui jura fra-
» ternité et amour pour ses frères. Ce même hom-
» me, qui fut plus tard nommé Pape-roi sous le nom
» de Pie IX, le voilà qui lance la malédiction et
» l'excommunication contre tous les affiliés de la
» franc-maçonnerie.

» La malédiction et l'excommunication retombent
» donc sur sa propre tête, et il est de plus, par
» l'acte même, devenu parjure.

» Le pape est donc excommunié par lui-même (1). »

Ces sociétés doivent être, pour un certain monde, des « sectes anarchiques, » et je le comprends ; du moment que leur but est celui de la bienfaisance, elles anticipent sur les droits arbitraires de gens qui croient et voudraient faire croire que c'est seulement de leurs mains généreuses et sacrées, de leur omnipotence divine, que doivent découler tous les actes de charité chrétienne.

Vous l'avez dit, Monseigneur, tous les papes de

---

(1) *Bulletin du Grand-Orient de France, suprême conseil pour la France et les possessions françaises,* etc. ; 3ᵉ série, mars 1866, n° 1, page 26.

l'avenir, tous les évêques de la terre se briseront contre ce « *géant infernal* » qui, dans un temps donné, doit régir le monde entier. Mais ce *géant* n'est pas celui qui « *nie l'immortalité de l'âme, qui réclame hautement le respect et la liberté de l'athéisme, qui prêche la morale indépendante, qui préside aux frénétiques emportements des révolutions, qui mine les États.* » Non, ce *géant* peut avoir parmi ses adhérents des hommes qui s'égarent et qui s'oublient, comme il en existe beaucoup dans le clergé catholique. Mais il n'en doit pas moins triompher, car il est conduit par la vérité et la justice.

Les papes Clément XII, Benoît XIV, Pie VII et Léon XII n'ont voulu le foudroyer, *ce géant*, que parce que le mensonge, une histoire falsifiée, des documents faux, des confidences perfides le leur avaient montré comme un suppôt de Satan, et non comme le champion de la morale chrétienne et de la charité.

Non, Monseigneur, « les papes et les évêques n'ont rien lu, rien vu, rien entendu dans le passé; dans le présent, ils ne lisent rien, ne voient rien, n'entendent rien » qui leur prouve que la franc-maçonnerie soit autre chose qu'une *institution charitable*. Mais pour avoir le droit de la signaler à la vindicte publique, de l'écraser de leur colère, ils l'affublent du manteau du *Carbonarisme*, ils en font une société d'assassins, de révolutionnaires, un monstre philosophique et politique. Malgré tout cela, Monseigneur, la franc-maçonnerie n'a encore jamais vu sortir de son sein des *Jacques-Clément*, des *Ravaillac*, des *Verger*, etc., etc., lesquels, ceux-là, avaient cependant sucé le lait de la vertu, *de la foi et de la charité chrétienne*. Mais il est vrai que la société, à laquelle ils appartenaient, n'était pas « *illicite et impie*, » et qu'elle ne redoutait pas la lumière pour accomplir ses actes de *saint dévouement*.

Voici encore quelques-unes des aménités de Votre Grandeur à notre adresse :

« C'est évidemment une société à la fois illicite
» et impie que celle qui redoute ainsi le jour et la
» lumière ; il n'y a que celui qui fait mal qui craigne
» la lumière. »

« *Derrière ces lugubres institutions et ces ombres sinistres étrangères à la charité, il y a manifestement un péril et une menace; le crime seul est enfant de la nuit* (p. 51). »

Décidément, Monseigneur, vous errez? Vous nous confondez certainement avec quelques-uns des vôtres? Vous ne savez rien de ce monde invisible dont vous voulez avoir l'air de savoir quelque chose. Vous vous en servez comme d'un épouventail ridicule que l'on met en avant pour faire trembler les enfants. Tous ceux qui composent ce monde souterrain, « qui travaillent à la lueur du crime dans ces antres de cyclopes, » sont aussi inoffensifs qu'ils sont sans haine pour l'Église et la société. Il n'y a point de secrets, point de mystères cachés, pas plus au sommet qu'au bas de la hiérarchie. Le secret de tous est le soulagement du malheur, l'assistance mutuelle.

Permettez-moi de vous faire encore observer, Monseigneur, que si les actes de charité de la franc-maçonnerie sont « *cachés* et *ténébreux*, » tandis que les « œuvres de bienfaisance exercées par les institutions charitables qui fleurissent au sein de l'église catholique ne sont ignorées de personne au monde, » c'est que les Francs-Maçons, Monseigneur, se rappellent ces paroles de Jésus-Christ que d'autres ont oubliées :

« 1° Prenez garde à ne pas faire vos bonnes œu-
» vres devant les hommes, afin d'être vu d'eux :
» autrement vous ne recevrez point de récompense
» de votre Père qui est dans les cieux.

» 2° Quand donc vous faites l'aumône, ne sonnez
» pas de la trompette devant vous, comme font les
» hypocrites dans les rues et les synagogues, afin
» d'être honorés des hommes. Je vous le dis en vé-
» rité, ils ont reçu leur récompense.

» 3° Pour vous, quand vous faites l'aumône, que
» votre main gauche ne sache pas ce que fait la
» droite,

» 4° Afin que votre aumône soit dans le secret ;
» et votre Père, qui voit dans le secret, vous le ren-
» dra (1). »

La signification brutale que vous fournit votre imagination au sujet de « *l'équerre, de la truelle* » et

_____
(1) Ev. s. St Math., chap. VI, v. 1, 2, 3, 4. (Traduction Lamennais.)

autres *symboles de ces agrégations clandestines,* » n'est qu'une idée pauvre et ridicule. L'équerre, Monsieur, est pour *construire d'aplomb*, et la truelle, pour *replâtrer les vieux édifices qui ont besoin de restauration.* Comprenez-vous maintenant? Vous voyez que nous sommes loin de conspirer *contre Dieu, J.-C. et son Église*, et si vous vous fussiez servi de ces instruments indispensables aux bons constructeurs d'édifices, vous n'eussiez jamais redouté la chute du vôtre.

Mais de grâce, Monseigneur, gardez pour vous les sicaires et les assassins stipendiés que l'histoire vous attribue; nous ne sommes ni des régicides, ni des *prétricides*, ni des cyclopes, et encore moins des inquisiteurs ou des jésuites. Toute cette tirade d'injures et d'emportements à notre adresse retombe sur vous, Messieurs, qui oubliez trop facilement votre histoire ; il est bon de vous rappeler de temps en temps que nous ne l'oublions pas, et que, quoique vous fassiez, vous ne la ferez pas oublier ; le sang du crime, hélas! la marquée d'un sceau ineffaçable!.....

Comme le christianisme, Monseigneur, la franc-maçonnerie a elle aussi *ses apostats*. Des hommes qui non-seulement ont trahi les serments sacrés qu'ils avaient faits, mais encore qui la frappent perfidement, en se ventant d'avoir *frappé juste*, d'avoir *frappé fort*, d'avoir fait trembler le monde !..........
Hé ! que Dieu leur épargne d'être eux-mêmes trop tôt et justement *frappés* par ce glaive de la Providence, lequel, lui, ne frappe jamais dans le vide....

Mais, en vérité, nous aimons à entendre de votre bouche les paroles de modération suivantes : « *Il a de plus frappé fort, ce qui n'est pas un faible mérite dans notre siècle d'absurdes ménagements et de meurtrières transactions* (p. 53). »

Ces mots, dictés par la colère, sont-ils bien ceux qui doivent sortir de la bouche de gens se disant les représentants d'un Dieu de paix et de miséricorde dont voici les paroles : *Ego autem dico vobis non resistere malo : sed si quis te percusserit in dexteram maxillam tuam, præbe illi et alteram.* (Ev. S. Math., cap. V, v. 39.)

Toute l'intolérance cléricale de notre époque ne se révèle-t-elle pas avec force dans les mots du fougueux évêque de Nîmes que nous venons de citer ?

Hé bien ! oui, Monseigneur, vous avez raison, il faut frapper fort et juste, et nous n'y manquerons pas ; il est des ennemis pour lesquels il serait absurde d'avoir des ménagements et de sottes condescendances. Oui, nous frapperons aussi nous cet ennemi de Dieu et de la société qui nous persécute injustement.

Nous ne frapperons qu'un coup, mais un coup de géant, car c'est la tête que nous atteindrons.

Ah ! Monseigneur, on eût beaucoup mieux fait de laisser dormir en paix des sociétés inoffensives qui ne s'occupaient que de bienfaisance ; on a entrepris une rude besogne en voulant les convertir, et il est à craindre que tous nos antagonistes ne s'usent à une tâche pour laquelle il faut être mieux *outillé* qu'ils ne le sont, et surtout *d'outils mieux trempés*.

C'était bon à l'archange St Michel de terrasser le dragon terrible ; il était couvert d'une cuirasse à l'épreuve de la griffe du monstre ; il avait une lance redoutable, et surtout un bras courageux pour la manier. Mais, si je ne me trompe, nous ne sommes plus au temps des archanges, et ce ne sont que des hommes, et peut-être moins, des « *enfants gâtés* » ou des « *cadavres* (1), » qui nous menacent.

Que nos adversaires se tranquillisent, Monseigneur, les armes dont nous nous servirons pour les combattre ne seront ni le fer, ni le feu, ni l'eau, ni la corde, ni le poison ; nous laissons tout cela aux conspirateurs, aux bandits et aux inquisiteurs, gens experts dans l'art de se venger.

Les armes qu'emploient les Francs-Maçons sont celles dont Jésus-Christ s'est servi :

L'amour de Dieu, le dévouement à ses frères et le pardon des injures.

Nous sommes habitués aux persécutions et aux calomnies, Monseigneur ; la franc-maçonnerie n'a pas eu seulement ses *parjures*, mais encore, grâce au clergé catholique, elle a eu aussi ses *martyrs*. « Il
» y avait autant de danger à être Franc-Maçon au
» moyen âge qu'à être chrétien sous Néron. On y
» jouait sa vie, plus que sa vie même, l'honneur
» de sa mémoire à tout jamais flétrie (2). »

Aujourd'hui, fort heureusement, nous ne sommes

---

(1) Veuillot, *Illusion libérale.*
(2) *Bulletin du Grand-Orient de France, etc.*, page 71

plus exposés au feu des bûchers, mais nous avons encore à essuyer celui des saintes colères et des dévotes rancunes. Nous les attendons sans les craindre, Monseigneur, et nous n'en continuerons pas moins de poursuivre notre but et de lutter sans cesse, car nous savons que la victoire appartient à ceux que rien n'abat, que rien ne décourage, qui persévèrent quand même, envers et contre tous, jusqu'à la fin, inébranlables dans la vérité et la justice dont il sont pénétrés.

Nous savons aussi que, fussions nous hypocrites, avares et orgueilleux, comme beaucoup d'autres, pourvu que nous feignions de respecter extérieurement des superstitions, que nous fermions les yeux sur des iniquités, on ne trouverait rien à blâmer en nous. Mais du moment que nous osons combattre ces superstitions, en désabuser le peuple, et de plus faire le bien, oh! alors la chose n'est plus tolérable, vite il faut nous perdre; oui, nous perdre à jamais, et par tous les moyens possibles écraser ce serpent de l'hérésie qui menace le catholicisme. Le moyen le plus sûr, c'est la médisance; aussitôt on se souvient de ces paroles de Basile : *Calomniez, calomniez, il en reste toujours quelque chose.* Alors un feu roulant de calomnies, d'injures, de malédictions et d'excommunications nous arrive de toute part (1).

(1) Tous les rouages secrets de l'intrigue sont mis en jeu; on vous frappe lâchement dans l'affection de vos enfants, de votre épouse, de vos frères et sœurs, de vos parents, de vos amis, enfin il n'est pas jus-

Mais pendant que l'orage gronde, que les foudres du Vatican sont lancées contre nos loges maçonniques, nous, vrais stoïciens, nous n'en travaillons qu'avec plus d'ardeur, nous nous rappelons et nous

qu'à la considération publique dont vous jouissez, que l'on ne cherche à atteindre.

On fait le vide autour de vous; on vous isole; on va même jusqu'à vous dénoncer secrètement et hypocritement comme un homme faisant profession d'athéisme, tenant des propos injurieux et scandaleux non-seulement contre le clergé, mais encore contre Dieu et la religion.

On s'enquiert avec soin de vos relations, de vos travaux, de vos projets; on vous entoure, sans que vous vous en doutiez, d'espions qui se disent vos amis, et qui, pour mieux vous tromper, déblatèrent eux-mêmes contre les cléricaux. Et puis, lorsqu'on est bien renseigné sur ce que vous faites, sur ce que vous dites, sur ce que vous pensez, on souffle, ou l'on fait souffler habilement, sans apparence de passion ni de haine, dans l'oreille de ceux qui vous connaissent, que vous êtes un homme *dangereux* et *compromettant;* un esprit imbu d'idées révolutionnaires, impies, voltairiennes, contraires à la morale et à l'ordre social; qu'il est prudent non-seulement de vous éviter dans le monde, mais qu'il est urgent de vous signaler même au mépris des honnêtes gens de tous les partis.

Puis un jour vous êtes tout étonné de voir les gens que vous fréquentiez d'habitude éviter votre rencontre, fuir votre société, dans la crainte de se compromettre eux-mêmes. Le tour est joué; vous êtes un parias!... Mais là ne s'arrêtent pas ces dévotes rancunes. Après vos affections de famille, votre honneur, c'est votre pain quotidien qu'on veut vous enlever.

Si vous êtes fonctionnaire d'une administration quelconque, vous pouvez vous attendre d'un jour à l'autre, sous le moindre prétexte, et quelquefois sans raison, à être impitoyablement destitué, quels que soient du reste vos mérites personnels, et les services que vous ayez rendus. Souvent ceux qui veulent vous nuire, ou manquent de puissance pour vous briser eux-mêmes, ou, s'ils en ont assez, ils n'osent le faire pour que l'on ignore dans le public d'où part le coup qui vous frappe.

Dans ce but, ils s'adressent à un tiers, lequel, par son influence, obtient d'une autorité supérieure l'ordre d'exil si ardemment sollicité. Il semblerait que la vengeance de vos ennemis est satisfaite; erreur, il n'en est rien; elle vous poursuit sans cesse; elle vous poursuivra par-

méditons sur les paroles suivantes que Jésus disait au peuple et à ses disciples :

2. Les Scribes et les Pharisiens sont assis sur la chaire de Moyse.

3. Observez donc et faites tout ce qu'ils vous disent ; mais ne faites pas selon leurs œuvres ; car, ce qu'ils disent, ils ne le font pas.

4. Ils lient sur les épaules des hommes des fardeaux pesants et insupportables, qu'ils ne veulent pas même remuer du doigt.

tout où vous irez ; elle préviendra toutes vos démarches, toutes vos sollicitations, quelques précautions que vous preniez. Vous demandez, vous priez, vous suppliez avec instance, on ne vous entend pas, on ne vous écoute pas, tout est sourd, tout est fermé pour vous !..... Mais cependant, il faut vivre, élever sa famille? C'est alors que, si vous êtes un homme sans énergie, si vous n'avez que du ventre au cœur et de l'eau dans les veines, il ne vous reste qu'un moyen de ne pas mourir de faim : c'est celui de rentrer dans le *giron* de vos ennemis, de vous précipiter à leurs pieds, de baiser les semelles de leurs souliers en criant : Grâce! pardon!..... Et si l'on ne vous repousse pas du pied, vous devenez un être abject, méprisable, mais vous vivez enchaîné pour le reste de votre existence, et vous faites vivre les vôtres...

Si, au contraire, vous avez un cœur dans la poitrine et du sang dans les veines; si vous avez confiance en votre courage et en votre talent ; si vous êtes sans ambition, que vous sachiez vous contenter de peu, et surtout conserver votre indépendance jusqu'au bout, oh! alors ne craignez rien, faites tête aux limiers ameutés contre vous ; si la fortune vous manque, vous avez l'audace, et aujourd'hui qui sait oser, sait beaucoup faire. Aux attaques de vos ennemis, répondez par un sourire de pitié et de dédain; foulez aux pieds le chapitre *des considérations*, et présentez la poitrine à leurs coups. Vous avez une cuirasse que n'entammeront point leurs flèches empoisonnées. Vous êtes plus fort qu'eux, vous qui pouvez leur dire ce que vous pensez; il en est tant d'autres auxquels vous n'arrivez pas jusqu'à la cheville, qui ne disent pas ce qu'ils pensent, mais ce qu'on leur ordonne de penser et de dire!

5. Ils font toutes leurs œuvres pour être vus des hommes, portent de plus larges phylactères, et des franges plus longues.

6. Ils aiment les premières places dans les festins, et les premiers siéges dans les synagogues,

7. Et qu'on les salue dans les lieux publics, et que les hommes les appellent *Maître*.

8. Pour vous, ne veuilliez point être appelés maître ; car vous n'avez qu'un *Maître* et vous êtes *tous frères*.

9. Et, *n'appelez père* personne sur la terre ; car vous n'avez qu'un *Père*, qui est dans les cieux.

. . . .

14. Malheur à vous, Scribes et Pharisiens hypocrites, parce que, faisant de longues prières, vous dévorez les maisons des veuves. C'est pourquoi vous recevrez un plus sévère jugement.

15. Malheur à vous, Scribes et Pharisiens hypocrites, parce que vous courez les mers et la terre pour faire un prosélyte, et quand il l'est devenu, vous faites de lui un fils de la géhenne, deux fois plus que vous.

. . . .

25. Malheur à vous, Scribes et Pharisiens hypocrites, parce que vous nettoyez le dehors de la coupe et du plat ; et au dedans vous êtes pleins de souillures et de rapine.

. . . .

27. Malheur à vous, Scribes et Pharisiens hypocrites, parce que vous ressemblez à des sépulcres

blanchis, qui au dehors paroissent beaux aux hommes, mais au dedans sont pleins d'ossements de morts et de toute sorte de pourriture.

28. Ainsi au dehors vous paroissez justes aux hommes ; mais au dedans vous êtes pleins d'hypocrisie et d'iniquité.

. . . .

33. Serpents, race de vipères, comment fuirez-vous le jugement de la géhenne ?

. . . .

38. Voilà que votre maison sera laissée déserte (1).

Si vous croyez, Monseigneur, que ces paroles du Christ puissent être de la part de Votre Grandeur l'objet de quelques méditations, nous serions heureux de les avoir placées sous vos yeux.

Dans cet espoir, veuillez agréer l'expression des sentiments respectueux de votre serviteur

∴ PIERRE

(1) *Ev. selon S. Math.*, *chap. XXIII.* (Traduction Lamennais.)

Poitiers. — Imprimerie de N. Bernard.

www.ingramcontent.com/pod-product-compliance
Lightning Source LLC
LaVergne TN
LVHW022146080426
835511LV00008B/1278